MINISTÈRE

DE L'INSTRUCTION PUBLIQUE ET DES CULTES.

ÉCHANGES ENTRE LES BIBLIOTHÈQUES DE PARIS.

RAPPORT DE LA COMMISSION

INSTITUÉE PAR DÉCISION DU 31 MAI 1860

ET

ARRÊTÉ DE S. EXC. LE MINISTRE

DE L'INSTRUCTION PUBLIQUE ET DES CULTES,

EN DATE DU 15 NOVEMBRE 1860.

RAPPORT

Adressé à Son Exc. le Ministre de l'instruction publique et des cultes par la commission des échanges entre les bibliothèques de Paris (1).

10 juillet 1860.

Monsieur le Ministre,

Les paroles prononcées par Votre Excellence dans une de nos premières réunions ont rendu plus facile la tâche qui nous était con-

(1) Cette commission était composée de :

MM. Mérimée, sénateur, membre de l'Académie française, président, rapporteur de la commission ;

Empis, de l'Académie française, chargé de l'inspection générale des bibliothèques, vice-président ;

Lascoux, conseiller d'Etat, secrétaire général du ministère de la justice ;

Le vicomte de Rougé, conseiller d'État, membre de l'Académie des inscriptions et belles-lettres, professeur au collége de France ;

Sainte-Beuve, membre de l'Académie française ;

De Longpérier, de l'Académie des inscriptions et belles-lettres, conservateur des antiques au Musée du Louvre ;

Ravaisson, de l'Académie des inscriptions et belles-lettres, inspecteur général de l'enseignement supérieur ;

Littré, de l'Académie des inscriptions et belles-lettres ;

Chasles, de l'Académie des sciences, professeur à la Faculté des sciences de Paris ;

Taschereau, administrateur général de la Bibliothèque impériale ;

Silvestre de Sacy, de l'Académie française, conservateur de la bibliothèque Mazarine ;

Brunet, auteur du *Manuel du Libraire ;*

Guessard, professeur à l'école des Chartes ;

Gustave Rouland, directeur du personnel et du secrétariat général au ministère de l'instruction publique et des cultes.

M. Bellaguet, chef de bureau au ministère de l'instruction publique et des cultes, remplissait auprès de cette commission les fonctions de secrétaire.

fiée. Un moment, on avait pu craindre que vos intentions ne fussent pas exactement appréciées, et que, dans une mesure prise en vue de l'intérêt général, on ne crût voir une espèce de partialité pour notre principale bibliothèque, au préjudice de toutes les autres. Rassurés par la franchise et la clarté de vos explications, les conservateurs des bibliothèques publiques de Paris nous ont offert le concours le plus loyal et le plus empressé.

Personne ne conteste le droit qu'a l'administration supérieure d'autoriser ou de prescrire des échanges entre les bibliothèques entretenues par l'Etat. Tous les ouvrages possédés par ces établissements étant au même titre une propriété publique, qu'ils soient divisés dans plusieurs bâtiments ou rassemblés dans le même local, l'Etat n'y perdra rien; il ne s'agit que de rechercher la disposition la plus convenable, celle qui satisfasse le mieux les besoins du public. C'est pour étudier cette question que Votre Excellence nous a réunis. Afin de mieux apprécier l'utilité de la mesure proposée par Votre Excellence, nous nous sommes occupés d'abord de quelques cas particuliers qui devaient nous éclairer sur la situation actuelle des bibliothèques de Paris, la nature de leurs collections, leur spécialité et leurs besoins. Nous avons dû rechercher si, indépendamment des imprimés, les bibliothèques de l'Arsenal, de la Mazarine, de Sainte-Geneviève et de la Sorbonne, ne renfermaient pas des collections de différentes espèces, comme des médailles, des dessins ou des estampes, des manuscrits en différentes langues, ou des livres chinois, que l'on confond souvent avec les manuscrits. Tous ces objets étaient-ils convenablement disposés pour l'étude? Leur division entre plusieurs établissements avait-elle des avantages ou des inconvénients? Telles sont les questions que nous avons examinées en premier lieu, de concert avec les conservateurs des différentes bibliothèques.

Il existe à l'Arsenal un certain nombre de médailles qui ne sont jamais communiquées, insuffisantes d'ailleurs pour constituer une collection utile à l'étude de la numismatique. En réalité, leur garde n'est qu'un embarras pour les conservateurs. Votre commission a été unanime pour proposer que toutes les collections partielles de ce genre fussent réunies au cabinet des médailles de la Bibliothèque impériale, où, classées convenablement, elles seront accessibles au public et entourées de toutes les garanties d'une bonne conservation.

Une mesure semblable paraissait devoir être appliquée à certaines collections de gravures et de dessins qui se trouvent à l'Arsenal et à Sainte-Geneviève. Faute d'espace et de dispositions spéciales pour les communiquer, elles sont aujourd'hui presque inutiles au public. Elles renferment cependant, à ce qu'on assure, quelques pièces importantes dont la place est naturellement marquée au cabinet impérial des estampes. Une considération a seule empêché la commission de se prononcer pour la réunion de toutes ces gravures au cabinet impérial; elle a pensé que, dans une ville telle que Paris, il était convenable qu'il y eût à la disposition du public plus d'un établissement où il pût connaître les grands ouvrages des maîtres interprétés par la gravure. La supériorité de la France, dans toutes les fabrications où les arts du dessin ont une part considérable, est due non-seulement à une heureuse aptitude de nos ouvriers, mais encore aux facilités qu'ils trouvent pour se former le goût et se procurer de bons modèles. Entretenir ces moyens d'étude partout où ils existent, les augmenter même, s'il est possible, est un devoir pour une administration éclairée. Des collections de gravures ont paru heureusement placées dans des quartiers qui renferment beaucoup d'ouvriers ornemanistes et des artistes en tout genre. Nous sommes donc d'avis que, sauf les pièces que le cabinet impérial réclamera si elles lui font défaut, l'Arsenal et Sainte-Geneviève gardent leurs collections d'estampes. Nous souhaiterions même que des mesures fussent prises pour en faciliter la communication, et que ces deux collections fussent augmentées au moyen des doubles que le cabinet impérial leur céderait, surtout s'il pouvait disposer en leur faveur de gravures d'une utilité spéciale pour les artistes et les ouvriers ornemanistes.

Les dessins, à notre avis, ne peuvent être convenablement placés qu'au cabinet des estampes de la Bibliothèque impériale, où les pièces qui intéressent l'archéologie, la géographie, etc., se classeront dans les séries déjà existantes. Quant aux dessins de maîtres, en très-petit nombre, comme il semble, nous estimons qu'ils devraient être envoyés au Musée du Louvre.

Parmi les manuscrits, il n'est pas douteux que tous les ouvrages écrits dans les langues de l'Orient ne peuvent être utilement conservés et communiqués que par des employés ayant la connaissance de ces langues. Or, un semblable personnel n'existe qu'à la Bibliothèque impériale; c'est donc là que les manuscrits orientaux et les livres chinois de l'Arsenal et de la Mazarine doivent être transportés. Quelques-uns s'y font désirer depuis longtemps.

Après cette décision, qui a réuni tous les suffrages, on s'est demandé si la Bibliothèque impériale, qui compte parmi ses employés tant de savants éminents dans la philologie et la paléographie, n'était pas le meilleur dépôt, et même le seul convenable, pour tous les manuscrits dispersés dans les autres bibliothèques publiques de Paris. Pourquoi, disait-on, ne pas réunir dans le même lieu, au centre même de l'érudition, tous les instruments d'étude? Leur concentration dans un même local faciliterait les recherches et surtout les collationnements de manuscrits, opérations pénibles avec leur dispersion actuelle, et par cela même un peu incertaines.

Cette proposition vivement combattue n'a pas été admise. La majorité a cru que les manuscrits précieux, d'ailleurs en petit nombre, que possèdent les bibliothèques secondaires, avaient acquis une sorte de notoriété parmi les érudits; que leur place et leur désignation étaient pour ainsi dire consacrées par de nombreuses publications qui les citent; qu'en les transportant en masse, on dérangerait des habitudes prises, et qu'on risquerait, pour un avantage incertain, de porter le trouble dans des collections célèbres. La commission, Monsieur le Ministre, croit bien interpréter vos intentions, en suivant ce principe que tout changement dans la disposition de nos richesses littéraires doit être une exception motivée par l'intérêt général, et que partout où l'utilité d'un déplacement n'est pas suffisamment démontrée, l'ordre ancien peut être maintenu.

Personne ne nie que dans une grande ville, une bibliothèque conçue sur un plan encyclopédique ne soit nécessaire. Il n'existe pas en Europe une capitale qui ne possède un établissement semblable, renfermant tout ce qu'on a pu réunir d'ouvrages sur toutes les branches des connaissances humaines. Mais, autour de cet immense dépôt, doit-on former, *sur le même plan*, d'autres bibliothèques moins riches, moins complètes, imitations plus ou moins mesquines d'un grand modèle?

Les savants, les érudits, les lettrés répondront qu'il est préférable de n'avoir qu'une seule collection encyclopédique, et de former d'autres bibliothèques ayant chacune sa spécialité. Avec des ressources nécessairement bien inférieures à celles de la bibliothèque principale, les bibliothèques secondaires, fondées sur un système plus restreint, pourraient néanmoins rendre de grands services pour certaines études. On ne prétend pas, bien entendu, qu'elles ne doivent posséder qu'une seule sorte de livres, des livres d'histoire par exemple, ou de piété. Toute collection publique, au contraire, doit avoir un certain fonds d'ouvrages d'utilité générale, indispensables à toutes les classes de lecteurs. On demande seulement que, sans chercher à faire une concurrence impossible à la bibliothèque principale, les autres établissements appliquent leurs ressources à perfectionner certaines collections qu'elles possèdent et dont le public a déjà reconnu l'importance.

Un heureux hasard a produit le résultat qu'on aurait cherché à obtenir s'il s'agissait de fonder des bibliothèques dans une ville qui en serait dépourvue. Chacune des bibliothèques de Paris, en effet, a sa spécialité notoire et constatée. L'Arsenal est célèbre pour ses collections de littérature dramatique, de poésie et de romans; la Mazarine pour ses livres d'histoire; Sainte-Geneviève pour la théologie; la Sorbonne pour la philologie et les ouvrages relatifs aux études classiques. Conservons précieusement ces collections d'ancienne date depuis longtemps appréciées. Efforçons-nous de les enrichir encore; mais en même temps, que ces bibliothèques ne refusent pas de céder quelques ouvrages qui ne font point partie de leur spécialité et qui, transportés à la Bibliothèque impériale, combleront des lacunes regrettables.

Qu'un livre rare existe dans une bibliothèque secondaire, isolé de la série à laquelle il appartient, c'est un objet de curiosité très-recherché par les bibliophiles; mais il n'ajoute rien à l'utilité pratique de la bibliothèque où il se trouve. Au contraire, dans un vaste département encyclopédique comme la Bibliothèque impériale, il complète une série imparfaite, et prend, par sa nouvelle position, une valeur, disons mieux, une utilité nouvelle, en même temps qu'il accroît celle de la série à laquelle il s'adjoint.

Sans altérer leurs spécialités reconnues, en ne cédant que ces curiosités isolées dont nous venons de parler, les bibliothèques secondaires ne perdront rien de leur importance. Elle s'accroîtra même par les doubles que la Bibliothèque impériale peut leur offrir en échange, et qui seront choisis selon la convenance particulière de chaque bibliothèque. De cette manière, elles pourront se procurer sans frais un grand nombre d'ouvrages d'intérêt général qui trop souvent leur manquent, et sont vainement demandés par les visiteurs.

Il était important de régler le mode et les conditions de ces échanges. Et d'abord, tous les membres de la commission se sont trouvés d'accord pour reconnaître que le mot d'échange ne devait pas être pris dans le sens le plus absolu. A notre avis, il suffit de stipuler d'une manière générale que l'on doit s'appliquer à ne diminuer l'importance d'aucune bibliothèque, sans tenir rigoureusement à ce qu'aucun ouvrage n'en soit retiré sans une compensation dont l'exactitude serait d'ailleurs bien difficile à établir.

Pour que des échanges soient possibles et qu'ils soient faits à propos, il faut accorder à la Bibliothèque impériale un droit de recherche et de prélèvement dans les autres établissements ; mais ainsi que Votre Excellence nous l'a dit elle-même, la recherche ne doit pas s'exercer en tout temps, ni le prélèvement s'opérer dans toutes les séries d'une collection. La commission a déjà réservé l'intégrité du fonds constituant la spécialité de chaque bibliothèque. Elle pense que les recherches ne devront avoir lieu que lorsque la Bibliothèque impériale aura constaté ses lacunes, ou, en d'autres termes, à mesure que les différentes sections ou lettres de son catalogue seront mises à jour. Elle communiquera alors son catalogue et fera examiner les catalogues des autres bibliothèques dans l'intérieur de chacune d'elles, car, dans aucun cas, les catalogues ne doivent être déplacés.

On avait proposé que l'administration de la Bibliothèque impériale pût alors charger un de ses employés d'examiner les inventaires des autres bibliothèques et de réclamer les ouvrages qui lui manqueraient. La majorité de la commission, sans entendre exclure les fonctionnaires et employés de la Bibliothèque impériale, a exprimé le vœu que la délégation vînt de Votre Excellence elle-même. Elle acquerra ainsi une autorité plus grande. D'ailleurs, le rapport de ce délégué sera porté devant une commission d'examen permanente, avec les observations des conservateurs intéressés. Sur l'avis de cette commission, Votre Excellence décidera en dernier ressort. Cette combinaison nous paraît de nature à ménager tous les intérêts. Nous aimons à croire que les contestations seront rares, et nous en avons pour augure l'unité de vues et l'accord sur les bases du système d'échange que nous avons remarqués entre tous les conservateurs. Trop éclairés pour faire consister le mérite de leurs collections dans la possession de quelques curiosités, ils favoriseront de tous leurs efforts, nous avons lieu de l'espérer, une disposition vraiment méthodique de nos richesses littéraires.

En résumé, Monsieur le Ministre, la commission a l'honneur de vous proposer :

1° De réunir à la Bibliothèque impériale les médailles, dessins, manuscrits orientaux et livres chinois existant dans les quatre autres bibliothèques publiques de Paris;

2° De conserver les collections d'estampes existant dans les bibliothèques de l'Arsenal et de Sainte-Geneviève, après que le Cabinet impérial en aura retiré les pièces et les *états* qu'il ne posséderait pas. En retour, des doubles tirés de ce cabinet seraient mis à la disposition des bibliothèques susnommées;

3° De désigner un délégué pour faire la recherche des livres susceptibles d'être réclamés par la Bibliothèque impériale ;

4° De verser tout ou partie des doubles existant à la Bibliothèque impériale dans les autres bibliothèques publiques de Paris, en prenant en considération la spécialité de chacun de ces établissements;

5° De charger une commission permanente d'examiner toutes les contestations qui pourraient avoir lieu à l'occasion des échanges.

Le système d'échanges que nous venons d'avoir l'honneur de vous exposer aura sans doute pour premier résultat d'augmenter dans les quatre bibliothèques secondaires le nombre des livres usuels et qui sont demandés par toutes les classes de lecteurs. Nous ne nous dissimulons pas cependant que, pour que ces établissements rendissent tous les services qu'on peut en espérer, il faudrait que leurs ressources, pour les acquisitions de livres nouveaux et les reliures, fussent très-augmentées. Il faut en dire autant de la Bibliothèque impériale elle-même, qui, si on la compare à d'autres bibliothèques encyclopédiques, se trouve dans un état d'infériorité notable pour les ouvrages modernes. Le British Museum, par exemple, Monsieur le Ministre, dispose tous les ans pour ses acquisitions d'une somme de 10,000 l. st. et d'une somme égale pour ses reliures.

Nous n'osons mettre en regard le chiffre de ce qui est alloué à la Bibliothèque impériale pour le même objet. Cependant l'étude des langues étrangères est aujourd'hui si répandue en France qu'on devrait toujours être assuré de trouver au moins à la Bibliothèque impériale tout ce qui se publie de vraiment remarquable en Europe. Mais vous le savez, Monsieur le Ministre, les ressources font défaut. Nous avons prié Votre Excellence de ne pas cesser de réclamer contre l'insuffisance des allocations actuelles, qui laissent nos bibliothèques dans un si triste dénûment.

Il était difficile, Monsieur le Ministre, en étudiant une question aussi importante que celle sur laquelle vous nous avez appelés à délibérer, de ne pas apercevoir d'autres questions connexes, que nous n'avions peut-être pas mission de traiter, mais que nous ne pouvons nous dispenser de signaler à l'attention de Votre Excellence.

S'il est évident que des médailles, perdues en quelque sorte dans une bibliothèque de Paris, doivent être transportées au cabinet impérial, combien n'est-il pas à regretter que la même mesure ne s'applique pas à une collection beaucoup plus importante, mais qui dépend, il est vrai, d'un autre département ministériel! L'hôtel des Monnaies possède un cabinet des médailles considérable, qui contient un assez grand nombre de pièces uniques, et ce cabinet n'est cependant d'aucune utilité pour les études numismatiques. D'accès difficile, il n'offre aucune disposition qui permette de faire servir aux progrès de la science les richesses qu'il renferme. Il serait logique et vraiment utile de réunir cette collection au cabinet des médailles de la Bibliothèque impériale, où il pourrait compléter plusieurs séries importantes. La commission supplie Votre Excellence de vouloir bien prendre sa prière en considération et de s'élever au nom de la science contre une situation onéreuse au Trésor et blâmée par tous les numismates.

Nous avons encore un autre vœu à exprimer ; mais, sur ce point, nous croyons que déjà Votre Excellence a prévenu nos désirs. En interrogeant les conservateurs des différentes bibliothèques sur l'état actuel et l'avenir de leurs établissements, il nous a été facile de reconnaître une certaine répugnance à voir s'accroître le nombre des lecteurs dont ils reçoivent la visite. Ce n'est pas un surcroît de travail qu'ils craignent, mais chaque bibliothèque, selon sa spécialité, a ses lecteurs d'habitude. Ce sont des hommes studieux que la foule effraye, et qui méritent de n'être pas confondus avec elle.

Le voisinage de l'Ecole de droit attire à Sainte-Geneviève, par exemple, un très-grand nombre d'étudiants. On n'y demande plus guère que des livres de jurisprudence, et les habitués du fonds spécial de cette bibliothèque peuvent à grand'peine trouver place. Il existe pourtant une bibliothèque à l'Ecole de droit; mais, soit défaut d'emplacement, soit insuffisance de ressources, il paraît qu'elle ne remplit nullement sa destination. Elle devrait être réorganisée; alors la bibliothèque de Sainte-Geneviève redeviendrait un centre pour les hautes études de théologie, comme elle était autrefois. On en peut dire autant des autres bibliothèques, où les travailleurs sont obligés de disputer la place à des lecteurs souvent frivoles.

Dans la reconstruction de la Bibliothèque impériale, Votre Excellence a reconnu la nécessité de n'ouvrir au public qu'une salle pourvue de livres d'usage général, et de réserver les collections les plus précieuses aux hommes d'étude. Dans la plupart des autres bibliothèques, l'emplacement restreint ne permet pas d'établir une distinction semblable ; mais on arriverait au même but en augmentant le nombre des bibliothèques, ou plutôt en créant des *bibliothèques de quartiers*, ou des succursales où les gens illettrés pourraient puiser les éléments d'une instruction générale, et les oisifs employer quelques heures agréablement et peut-être utilement. Ces succursales, que l'agrandissement de Paris rend d'ailleurs nécessaires, diminueraient d'autant pour nos grandes bibliothèques le nombre des visiteurs, dont la plupart, trouvant à leur portée les ouvrages qu'ils désirent, laisseraient la place libre à ceux qui s'occupent de travaux sérieux.

Veuillez agréer, Monsieur le Ministre, l'hommage de nos sentiments respectueux.

(Suivent les noms des membres de la commission.)

ARRÊTÉ.

Le Ministre de l'Instruction publique et des Cultes :

Vu l'approbation donnée par S. M. l'Empereur au rapport du mois d'avril 1860, concernant un projet d'échanges entre la Bibliothèque impériale et les bibliothèques Mazarine, de l'Arsenal, de Sainte-Geneviève et de la Sorbonne;

Vu l'arrêté du 31 mai 1860, par lequel une commission a été chargée de donner son avis sur les règles à suivre relativement à ces échanges;

Vu la délibération de ladite commission et son rapport en date du 10 juillet 1860;

Considérant qu'il importe que certaines collections partielles de différentes espèces, qui se trouvent dans les bibliothèques Mazarine, de l'Arsenal, de Sainte-Geneviève et de la Sorbonne, et qui y sont peu consultées et par conséquent peu utiles au public, soient centralisées à la Bibliothèque impériale,

Arrête :

Art. 1er.

Les médailles, dessins, manuscrits orientaux et livres chinois existant dans les quatre bibliothèques ci-dessus mentionnées seront réunis à la Bibliothèque impériale.

Art. 2.

Seront retirés des bibliothèques de l'Arsenal et de Sainte-Geneviève, et des deux autres bibliothèques, s'il s'y en trouve, pour être transférés à ladite Bibliothèque, toutes les estampes et gravures et tous les états d'estampes et de gravures qu'elle ne possède pas.

Des exemplaires restants et des doubles provenant du cabinet des estampes de la Bibliothèque impériale, il sera constitué un cabinet d'estampes à chacune des bibliothèques de l'Arsenal et de Sainte-Geneviève.

Art. 3.

En ce qui concerne les livres imprimés ou manuscrits, il sera procédé aux échanges, entre la Bibliothèque impériale et les quatre autres bibliothèques susdésignées, par série d'ouvrages, au fur et à mesure de l'achèvement des catalogues ou inventaires de la Bibliothèque impériale pour chaque série.

Art. 4.

Dans le choix des doubles existant à la Bibliothèque impériale qui seront remis aux autres bibliothèques, ainsi que dans le choix des ouvrages qui leur seront demandés, il devra être tenu compte de la spécialité de chacun de ces établissements.

Cette spécialité consiste, savoir :

Pour la Bibliothèque Mazarine, dans les livres d'histoire;

Pour la Bibliothèque de l'Arsenal, dans les collections de littérature dramatique, de poésies et de romans;

Pour la Bibliothèque de Sainte-Geneviève, dans les ouvrages de théologie;

Pour la Bibliothèque de la Sorbonne, dans les ouvrages relatifs à la philologie et aux études classiques.

Art. 5.

Des délégués choisis par le Ministre seront chargés de rechercher dans les bibliothèques susdites, d'une part, les estampes et dessins; de l'autre, les livres imprimés ou manuscrits susceptibles d'être réclamés par la Bibliothèque impériale, comme aussi de reconnaître les lacunes existant dans leur spécialité, qu'il serait bon de combler, et l'absence d'ouvrages journellement demandés dans toutes les bibliothèques.

Art. 6.

Une commission spéciale sera instituée à l'effet d'examiner toutes les propositions d'échanges et les contestations auxquelles ces échanges pourraient donner lieu. Sur l'avis de ladite commission, le Ministre statuera.

Art. 7.

Aucun échange n'aura lieu sans avoir été approuvé par une décision du Ministre.

Paris, le 15 novembre 1860.

ROULAND.

Paris, imp. de PAUL DUPONT, rue de Grenelle-Saint-Honoré, 45 (784)

www.ingramcontent.com/pod-product-compliance
Lightning Source LLC
LaVergne TN
LVHW012023170826
845678LV00004BA/1622